Hans-Jürgen Hufeisen

Meines Herzens Tor

Im Klang der Weihnachtsfreude

Einladung

Mit dem 1. Advent beginnt sie wieder, die Zeit, in der die vertrauten Melodien erklingen. Das ganze Christentum ist eine Adventsfrage: Geht da die Tür auf, sozusagen die Herzenstür? Kann das Herz weit werden, die Fülle zulassen und sich wieder freuen und lachen? Siegt die Angst, oder fassen wir Mut?

> Komm, o mein Heiland Jesu Christ,
> meins Herzens Tür dir offen ist.
> Ach zieh mit deiner Gnade ein;
> dein Freundlichkeit auch uns erschein.
> *Aus: Macht hoch die Tür von Georg Weissel 1623*

Zahllose Advents- und Weihnachtslieder wecken unsere Sinne und die Freude an den Klängen. Mit diesen Liedern erlernte ich das Spielen auf der Flöte. Spuren in meiner Seele haben die Lieder hinterlassen. Wer singt oder musiziert, entdeckt die heilende Kraft in sich selber. Aus diesen Erfahrungen schöpfe ich bei meinen Meditationen: Mit Text und Musik möchte ich dem Geheimnis von Weihnachten heute nachspüren. Ich verleihe der inneren Gestalt der Lieder einen Klang und ein inneres Bild. Möge der Klang der Lieder die Winterzeit begleiten und unsere Wünsche und Träume wachhalten, damit wir uns unter dem Licht des Weihnachtssterns auf den Weg machen, um das Wunder des Kindes von Bethlehem in uns zu entdecken.

Inhalt

Sehnsucht nach Licht

Meerstern,
ich dich grüße

Meerstern, ich dich grüße, o Maria hilf!
Gottes Mutter, süße, o Maria hilf!
    Maria, hilf uns allen
      aus unsrer tiefen Not!
Rose ohne Dornen, o Maria hilf!
Du von Gott Erkorne, o Maria hilf!
Lilie ohnegleichen, o Maria hilf!
Der die Engel weichen, o Maria hilf!
Du Quell aller Freuden, o Maria hilf!
Trösterin im Leiden, o Maria hilf!
Hoch auf deinem Throne, o Maria hilf!
Aller Jungfrau'n Krone, o Maria hilf!
Gib ein reines Leben, o Maria hilf!
Sichere Reis' daneben, o Maria hilf!
Dich als Mutter zeige, o Maria hilf!
Gnädig uns zuneige, o Maria hilf!
Hilf uns Christum flehen, o Maria hilf!
Fröhlich vor ihm stehen, o Maria hilf!

Kaum ein Marienlied ist rätselhafter und sehnsuchtsvoller. Keine biblische Geschichte, keine Legende erklärt dieses poetische Bild. Das Bild vom Meerstern wird in vielen Marienliedern besungen. Maria ist die lateinische Form des biblischen Namens Mirjam oder Marjam, manche leiten die Bedeutung aus dem Hebräischen ab: *ma'or*, „Stern" (wörtlich: „Leuchte") und *jam* das Meer. Das Marienlied ist eine Nachdichtung eines alten Hymnus aus dem achten Jahrhundert (*Ave maris stella*). Es geht um den Stern auf dem Meer des Lebens, der Orientierung gibt und zeigt, wohin der Weg gehen wird. Als der Liedtext entstand, gab es noch keine satelliten-gesteuerten Navigationssysteme. Seeleute richteten in der Nacht ihren Blick zum Himmel und konnten sich durch die Sternbilder leiten lassen, ähnlich wie die Karawanen in der Wüste. Mit Sicherheit hatte manch einer auch einen Lieb-lingsstern, der an seine Heimat erinnerte.

Zur Deutung des Bildes genügt es aber nicht, an die Schiffer zu denken, die jahrhundertelang nach den Sternen navi-gierten. Meerstern, das bezaubernde Marienbild, wird zur Sonne, die die Dunkelheit des Meeres erleuchtet. Das Lied gehört für mich unbedingt zur adventlichen Zeit, es ist die Ankunft des Göttlichen durch Maria. In Liedern, in denen Maria als Meeresstern besungen wird, wird eine tiefe Sehn-sucht ausgedrückt, Sehnsucht nach Licht im Dunkel. *Bern-hard von Clairvaux* sagt von diesem Meeresstern: „Nimm Maria hinweg, diesen Stern des Meeres, des großen weiten Meeres! Was bleibt da übrig als hereinbrechendes Dunkel, das alles ringsum in Todesschatten und tiefste Finsternis hüllt."

Der du im Himmel wohnst,
die Tiefen der Meere kennst:
O strahlender Bote, du Freund des Lichts,
weise als Stern mir den Weg,
erhelle die Felsen, bescheine die See.
O schützender Geist, du himmlische Macht,
leite das Schiff durch die Wellen der Nacht.

Mensch und Meer, das ist eine unendliche Geschichte. Das Meer ist ein überwältigendes Erlebnis: An einer Felsenküste stehen, aufs Meer hinausblicken, die Wellen kommen und gehen sehen, das schafft innere Gelassenheit. Wenn sich der Mond auf dem Meer spiegelt, bildet sein Glanz eine goldene Brücke, wie eine Einladung, über sie zum Horizont zu gehen. Wer hinausschwimmt und sich von den Wellen tragen und wiegen lässt, empfindet reines Glück. Wer an einer Steilküste die Brandungswellen hört, schaudert vor der Gewalt des Wassers. Erdumspannend ist das Meer, selten fühlt sich der Mensch so klein und unbedeutend wie bei seinem Anblick. Und doch hat es Menschen immer hinausgezogen, um sich mit dem Meer zu messen.

Das Bild des Meeres von Welle und Woge möge für das Auf und Ab in unserem Leben stehen, für die Verletzlichkeit der Seele. Wie in der Seefahrt muss unser Lebensschiff durch die Stürme dieser Welt fahren. Im Grunde erinnert uns das Meer daran, dass wir keinen festen Grund unter unseren Füßen haben könnten.

Das Schiff,
mit dem wir über die Meere fahren,
heißt Traurigkeit.
Die Geduld muss es festhalten,
wie ein Anker in rauer See.
Am harten Wind des Leidens
sind die alten Segel gesetzt.
Ins aufbrausende Meer, warum nur,
wurde ich gestoßen.
Ich ertrank und ich war tot.
O Wunder! Ich lebe!
Ich fand die kostbare Perle,
jene, die niemand sonst findet,
als meinen Gewinn.

Sanai, persischer Dichter (1048–1141)

DAS MEER OHNE WASSER

Von einer ganz anderen Meereserfahrung möchte ich berichten, von einem Meer ohne Wasser, der Wüste. Denn gerade die Weisen aus dem Morgenland könnten ihrem Stern in der Wüste gefolgt sein. Für eine Wüstenkarawane gilt: Wenn nur ein Stern fehlt, kann die Karawane ihre Richtung verlieren. Oft besuchte ich Jordanien. Unweit vom Roten Meer finden wir in der jordanischen Wüste das Wadi Rum. „Das Meer ohne Wasser" nennen die Beduinen ihre Wüste, und sie erzählen, dass sie ewige Lieder singt, die Lieder von Stille, Sonne, Aufbruch, Hoffnung und Wasser, umgeben von Bergen, die – wie von Meisterhand geschaffen – sich morgens und abends in orangefarbene Lichtkleider hüllen. In jener Nacht brach ich auf und wanderte unter den Sternen durch Sand und Geröll zu einem Felsplateau. Ich war umgeben von einer vollkommenen Stille, die nur die Wüste zu kennen scheint. Nur eine schmale Mondsichel, die hoch oben lautlos glitt wie ein Boot auf nächtlicher See, schenkte mir genügend Licht für meinen Weg.

An diesem Abend erklang das Lied vom „Meerstern" mit meiner Flöte in den Felsen der jordanischen Wüste: Die Töne vermehrten sich in den Spalten der Felsen und in den Höhen der Berge. Das Echo im Hall der Musik traf auf mein Flötenspiel, als wollte der Sternenhimmel mit seiner Musik dazukommen. Immer wieder bin ich überwältigt von dem großen Himmelsschauspiel über der Wüste, dem Meer ohne Wasser. Sterne sind gemalt wie unzählige leuchtende Punkte auf einer hohen schwarzen Wand der Nacht. Es scheint, als drehe sich der Sternenhimmel über mir, unendlich und immer weiter. Ich fühle mich gehalten in der Mitte.

> Ich stehe aufrecht unter deinem Sternenhimmel.
> Du Starker, du Schöpfer des Lebens,
> gib mir Kraft, gib Rat mir, dem Ratlosen.
> Sind wir nicht berufen, Oben und Unten zu verbinden?
> An deinem Stern hast du entzündet mein Licht,
> halte nun den Wind fern, der es löschen will.
> *Nizami, persischer Mystiker und Dichter (12. Jahrhundert)*

DIE KREISENDE AURA DES LIEDES

Das Lied vom Meerstern trägt zugleich ein inneres Geheimnis, dass sich mir erst vor wenigen Jahren erschlossen hat. Wie ein Mantra erscheinen Text und Melodie angelegt zu sein. In der ständigen Wiederholung – wie ein Stundengebet, wie ein Kreisen meiner Sehnsuchtswünsche, wie ein ewiges Kommen von Ebbe und Flut – entsteht eine tröstende und heilende Wirkung. Die kreisende Aura des Liedes wird zu einer besonderen Kraft, zur Kraft des Segnens. Strophe für Strophe entsteht Ruhe, entsteht Frieden und Glanz, der sich auf die Seele legt. Der Klang des Liedes vergeht, um sich neu zu erfinden. Inmitten des Kreisens kann Kraft für die Welt wachsen. Der Meerstern steht für Leuchtkraft in der Nacht dieser Welt. Ein Bild der Maria, das uns als Trösterin anschaut und begleitet.

HERZENSTOR FÜR DIE ERWARTUNG

Du Stern des Meeres, jenseitiges Glühen,
du Glanz von Gottes schaffendem Geist,
weise den Weg den Irrenden,
strahle den Verlorenen in unruhiger Zeit.
Tröste die Leidenden und zeige den Müden
den Schimmer der Schönheit, den Glanz deiner Liebe.
Wer mit dem Herzen sieht,
empfängt Friede, Liebe und göttlichen Glanz.

Herzenstor

MACHT HOCH
DIE TÜR

1. Advent

Am Franckeschen Waisenhaus in Halle wirkte um 1704 der Theologe *Johann Anastasius Freylinghausen*. Er besaß ein eigens geschaffenes Gesangbuch, in dem das Lied *Macht hoch die Tür* mit einer unbekannten Melodie zum ersten Mal veröffentlicht wurde. *Macht hoch die Tür, die Tor macht weit,* dieses Adventslied hörten und sangen also um 1700 die Waisenkinder in Halle in dem Heim, das von August Francke gegründet wurde. Die Waisen stammten von Fürsten und Fremden. Vielleicht kamen sie auch mit den Schiffen. Elternlose Kinder bekamen eine neue Heimat. Türen und Tore wurden Waisen geöffnet.

Das Thema Tür begleitet und berührt mich von Kind auf. Auch ich bin ohne Mutter und Vater aufgewachsen. Meine Mutter hatte das Hotel nach der Geburt verlassen. Und damit mein Geschrei nach dem ersten Atemzug im Hotel nicht zu hören war, umhüllte, so wurde mir berichtet, eine Decke meinen ganzen Körper. Dunkel, fast wie die Farbe Schwarz, und eine kalte Stille umgaben den Raum. Wie lange ich in dieser Dunkelheit lag, kann ich nicht sagen. Ich erinnere mich nur, dass es unendlich lange gewesen ist. Vielleicht waren es Stunden, vielleicht auch zwei Tage. Irgendwann sah ich ein ganz klares Licht auf mich zukommen. Das helle Leuchten nahm mich auf und hüllte mich sanft in eine Decke. Eine Tür öffnete sich, und das Licht trug mich aus diesem Dunkel heraus.

Er ist gerecht, ein Helfer wert;
Sanftmütigkeit ist sein Gefährt,
sein Königskron ist Heiligkeit,
sein Zepter ist Barmherzigkeit;
all unsre Not zum End er bringt,
derhalben jauchzt, mit Freuden singt:
Gelobet sei mein Gott,
mein Heiland groß von Tat.

Es war der Hotelwirt, der an jenem Morgen dumpfe Baby-schreie hörte und die Tür zum Zimmer öffnete. Er fand mich Kleinen – ohne Mutter. Sofort alarmierte er die Hebamme und bat das Jugendamt um Hilfe. Rotkreuzschwestern sorg-ten in einem Säuglingsheim für das Nötigste. Nach zweiein-halb Jahren nahm mich eine Ersatzmutter als Pflegekind für kurze Zeit auf – als sei ich wie ihr eigenes Kind. Doch meine Reise sollte weitergehen. Mit drei Jahren stand ich vor dem Kinderheim Haus Sonneck. Ich erinnere mich verschwom-men: Ein großes Haus mit vielen Stufen bis zur Haustür. Eine Frau öffnete eine schwere Holztür und begrüßte mich. Ungewohnt sieht die Frau aus: eine weiße Schürze auf dun-kelgrauem Kleid, der Hals eingerahmt von einem weißen Kragen. Das Gesicht von Schwester Erna spiegelt Resolutheit und Liebe. Mit dünnen Lippen lächelt sie, eine weiße Haube hält ihr graues Haar zusammen. Haus Sonneck wurde bis zu meinem sechzehnten Lebensjahr mein Zuhause. Und in der Weihnachtszeit sangen wir Kinder unendlich viele Weih-nachtslieder – auch über die Freudensonne aus dem Lied *Macht hoch die Tür:*

Er ist die rechte Freudensonn,
bringt mit sich lauter Freud und Wonn.
Gelobet sei mein Gott,
mein Tröster früh und spat.

Auch Krisen in der ganzen Welt und Verletzungen im privaten können uns zu Waisen machen. Wo ist uns das Mütterliche geraubt, um behütet zu sein? Wo ist uns der Vater geraubt, alles im Griff zu haben? Als Waise sind wir in eine Welt geworfen, in der plötzlich die Tore offenstehen können. Wer sind meine Türen? Wem werde ich zur Tür?

… so kommt der König auch zu euch,
ja, Heil und Leben mit zugleich.
Gelobet sei mein Gott,
voll Rat, voll Tat, voll Gnad.

Diese Zeilen trafen mich ins Herz und in die Seele. Das Singen dieses Liedes tat mir einfach gut. Ich hatte das Wissen: Mir ging es nicht alleine so. Ich hatte Mitgenossen, denen es ähnlich erging wie mir. Und im Singen wurde bei mir wie bei den anderen eine heilende Kraft freigesetzt. Weihnachtslieder zu singen heilt Wunden der Verlassenheit. Töne und Worte begleiten die Einsamkeit und trösten die Traurigkeit. Singen lässt Licht und liebende Tatkraft in unser Herz strömen. Wer mit dem Herzen hört, der öffnet Tür und Tor.

Komm, o mein Heiland Jesu Christ,
meins Herzens Tür dir offen ist.
Ach zieh mit deiner Gnade ein;
dein Freundlichkeit auch uns erschein.

KLOPFET AN

Im letzten Vers des Adventsliedes geschieht eine Wandlung. Das große Tor der neuen Welt wird plötzlich zur Herzenstür, die bereits offensteht. Bevor ich das Kinderheim verließ, erlebte ich die Konfirmation in der evangelischen Dorfkirche. Meinen Segensspruch zur Konfirmation wählte ich selbst aus: „Klopfet an, so wird euch aufgetan" (Matthäusevangelium 7,7). Ich brachte Mut auf, an vielen Türen anzuklopfen. Und tatsächlich: Viele Türen wurden von innen geöffnet. Ich konnte eintreten und die Zukunft begrüßen. Dazu brauchen wir Mut. Mut, das Wort stammt aus dem Althochdeutschen (*muot*), und es bedeutet: Kraft des Denkens, Empfindens, Wollens, Gedanke, Geist, Sinn, Gesinnung, Gemützustand, Entschluss, Seele.

HERZENSTOR FÜR DEN MUT

Mit dem Mut ist es ähnlich wie mit dem Wünschen.
Entschließe dich, dein Herz aufzuschließen,
um seine Tapferkeit und Kraft zu spüren.
Wer mit dem Herzen hört, öffnet Tor und Tür.

Pure Weihnachts-freude

TOCHTER ZION

2. Advent

Tochter Zion, freue dich,
jauchze laut, Jerusalem!
Sieh, dein König kommt zu dir,
ja, er kommt, der Friedefürst.
Tochter Zion, freue dich,
jauchze laut, Jerusalem!

Hosianna, Davids Sohn,
sei gesegnet deinem Volk!
Gründe nun dein ew'ges Reich,
Hosianna in der Höh!
Hosianna, Davids Sohn,
sei gesegnet deinem Volk!

Tochter Zion freue dich!
Hol ihn jubelnd zu dir ein.
Sieh! er kömmt demüthiglich;
reitet auf dem Eselein,
Tochter Zion freue dich!
Hol ihn jubelnd zu dir ein.

Hosianna, Davids Sohn,
sei gegrüßet, König mild!
Ewig steht dein Friedensthron,
du des ew'gen Vaters Kind.
Hosianna, Davids Sohn,
sei gegrüßet, König mild!

Londoner Opernhaus, Wiener Palais und ein bürgerlicher Salon in Erlangen, das sind die Stationen eines Liedes, das schlussendlich zu einem der berühmtesten Weihnachtslieder wurde: *Tochter Zion, freue dich*. Ein Weihnachtshymnus mit strahlendem Glanz. Die Karriere beginnt in London am 9. März 1748 im Royal Opera House. *Georg Friedrich Händel* dirigierte sein neues Oratorium *Joshua*. Der darin enthaltene grandiose Siegeshymnus *Seht! Er kommt, mit Preis gekrönt (See the conqu'ring hero comes)* baut der Komponist drei Jahre später in sein späteres Werk *Judas Maccabäus* nochmals ein. Auch hier passen Text und Musik zum feierlichen Einzug der Kriegshelden.

> Seht! Er kommt, mit Preis gekrönt,
> feiert, Posaunen, den Empfang!
> Rings um den Erretter tönt
> der Befreiten Sieg'sgesang!
> Seht! Er kommt, mit Sieg umringt,
> Flöten tönt, belebt den Tanz!
> Myrtenzweig' und Rosen schlingt
> in des Jünglings Lorbeerkranz!

Keiner der damals mitwirkenden Musiker und der Komponist selbst hätten sich träumen lassen, dass die Musik fast hundert Jahre später zu einem noch größeren Erfolg antreten würde. Doch bevor der deutsche Text *Tochter Zion* entstand, befasste sich kein Geringerer als *Ludwig van Beethoven* mit Händels Chorsatz und verfasste 1796 dazu zwölf Variationen für Violoncello und Klavier. Er schenkte die Musik seiner Gönnerin *Christiane von Lichnowsky*, in deren Palais er den Chorsatz vermutlich zum ersten Mal gehört hatte – bei der Aufführung von Händels *Judas Maccabäus* am 15. April 1794. Vielleicht hatte Beethoven den Chorsatz als Weltenjubel verstanden. Ich selber stehe bei Händels Chorwerk ergriffen vor dem Wunder unübertrefflicher Einfachheit und zugleich großer Erhabenheit. Freilich liegt das nicht nur an der schlichten Sprache dieser Töne, vielmehr erleben wir die Klarheit, mit der Händel die Töne formt – himmelsstark und erdennah zugleich. Vielleicht liegt darin die Verzauberung, die davon ausgeht. Das Werk war ja für den Konzertsaal, nicht für den Gottesdienst geschrieben. Aus dem Chorwerk spricht der staunende Jubel weltoffener Menschen.

NEUE WORTE IM ALTEN LIED

Jahre später, 1826, sollte ein Salon in Erlangen der erste Austragungsort von Händels Chorsatz mit einem neuen Text werden: *Tochter Zion*. Verfasser ist der Theologe und Seelsorger *Friedrich Heinrich Ranke*. Wenn wir die vier Strophen der neuen Textdichtung genauer anschauen, dann eröffnet sich ein Geheimnis. Der Dichter spielt mit zwei Themen: Es ist die Aufforderung zur Freude und die Antwort mit dem Jubelruf.

Damals war das geistliche Lied für den Palmsonntag vorgesehen. Ich höre die alten Worte von Erwartung und Freude, die der Prophet Sacharja vor langer Zeit aufgeschrieben hat: „Du, Tochter Zion, freue dich sehr, und du, Tochter Jerusalem, jauchze! Siehe, dein König kommt zu dir, ein Gerechter und ein Helfer, arm und reitet auf einem Esel, auf einem Füllen der Eselin. Denn ich will die Wagen vernichten in Ephraim und die Rosse in Jerusalem, und der Kriegsbogen soll zerbrochen werden. Denn er wird Frieden gebieten den Völkern, und seine Herrschaft wird sein von einem Meer bis zum andern und vom Strom bis an die Enden der Erde" (Sacharja 9,9-10).

> Sieh! Er kömmt demütiglich;
> reitet auf dem Eselein.
> Tochter Zion, freue dich!
> Hol ihn jubelnd zu dir ein.

Diese Liedstrophe ist in den heutigen Liederbüchern gänzlich verschwunden. Schade, dass der Vers mit dem Esel nicht mehr erklingt. Denn die fehlende Strophe zeugt von einer anderen Sichtweise im Zusammenspiel von Jubel und Macht.

Sehr gut kann ich mir vorstellen, wie das ist, mit einem Esel durch eine Stadt zu reiten. Vor einigen Jahren besuchte ich Petra, die historische Felsenstadt in Jordanien. Ein Wunder von poetischem Zauber, von herber Schönheit und spiritueller Kraft! Wie eine goldene Fata Morgana taucht in der Wüste Jordaniens aus der Tiefe der Geschichte Petra auf, die sagenumwobene, in roten Felsen gemeißelte Königsstadt der Nabatäer. Rot ist der Stein der Felsen, mit Streifen von Rosa, Ocker, Schwarz, Violett und Malve. Nur eine einzige enge Felsenschlucht erlaubt den Zugang zu diesem geheimnisvollen Ort, Petra, der Felsenstadt.

Heiß war es, als ich die Schlucht zum ersten Mal betrat. Ich traf auf einen Jungen, der mit dem Esel durch die Schlucht ritt. Ich fragte ihn, ob er noch einen Esel hätte, damit ich leichter durch Sand und Hitze die Altstadt Petra erreichen könnte. Er bot mir seinen Esel an. Und zu dritt folgten wir der Schlucht bis hin zum zauberhaften Anblick des Schatzhauses *Khazne al-Firaun*. Vor uns erhoben sich Hallen, Paläste, Tempel, Kirchen, Schatzhäuser, Thermen und Theater.

Eine Woche lang weilte ich in der Ruinenstadt Petra, und immer dabei der Junge mit seinem Esel. Inzwischen führte er meinen Esel nicht mehr, auf dem ich saß. Er selbst ritt neben mir oder vor mir her oder hinter mir. Ich lernte immer mehr, dem Esel Vertrauen zu schenken. An einem frühen Abend war es soweit, dass wir von dem oberen Tempel bis ins Tal nach Petra zurückmussten. Es waren einige Kilometer, und die Dämmerung setzte ein. Mein Esel wusste, wo es lang ging, ich vertraute ganz und gar seinem sicheren Tritt. Am Schatzhaus im Tal angekommen, wartete der Vater des Jungen. Er führte uns hinein in das Schatzhaus – eigentlich eine Totenstätte. Er bot mir im Tempel einen Platz an und bat mich, für ihn und seine Ahnen eine Musik zu spielen. Er breitete einen Teppich aus, auf dem er eine kostbare, mit Intarsien geschmückte Schatulle öffnete. Darin lag reinster Weihrauch aus Südarabien. Eine Kerze wurde in die Mitte gestellt, der Weihrauch entzündet. Stille kehrte ein.

Erinnerungen und Gedanken stiegen in mir auf: Die überlieferte Geschichte von Jesus, der auf einen Esel ritt und Jerusalem erreichte. Gar nicht weit von diesem Ort entfernt. Wer auf einem Esel reitet, ist weder Krieger noch Sieger. Wer auf einem Esel die Stadt erreicht, trägt in sich Frieden und Vertrauen. Ein Esel hat auch die schwangere Maria von Nazareth nach Bethlehem getragen. Ein Esel trug Maria und ihr Kind nach Ägypten, auf der Flucht schutzsuchend vor den Machthabern.

Im Schatzhaus von Petra saßen wir drei nun am Abend im Tempel bei Kerzenschein, umgeben vom Duft des Weihrauchs. Draußen warteten die zwei Esel, sie hatten Futter und Wasser. In mir stieg große Freude auf, die mich zur Flöte greifen ließ. Auch der Klang von *Tochter Zion* erfüllte den großen Tempelraum. Freude nahm Raum. Der Flötenklang wurde hinausgetragen durch das große offene Tor, hin zu den Tälern und Bergen und hinein in die Stadt Petra. Das war für mich ein heiliger Abend.

HERZENSTOR FÜR DIE FREUDE

Der Weihnachtsengel singt:
Siehe, ich verkündige euch große Freude.
Freue dich!
Suche dir immer etwas,
worüber und worauf du dich freuen kannst.
Freude ist Lebensenergie,
Freude ist Nahrung für die Seele.
Freude ist der Grundrhythmus des Herzens selbst,
und ihre Musik ist Lebensmut.
Gönne dir Freude,
es kann nie genug davon geben.

Nacht, Licht und Engel

DIE NACHT IST VORGEDRUNGEN

3. Advent

Die Nacht ist vorgedrungen, der Tag ist nicht mehr fern.
So sei nun Lob gesungen dem hellen Morgenstern.
Auch wer zur Nacht geweinet, der stimme froh mit ein.
Der Morgenstern bescheinet auch deine Angst und Pein.

Dem alle Engel dienen, wird nun ein Kind und Knecht.
Gott selber ist erschienen zur Sühne für sein Recht.
Wer schuldig ist auf Erden, verhüll nicht mehr sein Haupt.
Er soll errettet werden, wenn er dem Kinde glaubt.

Die Nacht ist schon im Schwinden, macht euch zum Stalle auf!
Ihr sollt das Heil dort finden, das aller Zeiten Lauf
von Anfang an verkündet, seit eure Schuld geschah.
Nun hat sich euch verbündet, den Gott selbst ausersah.

Noch manche Nacht wird fallen auf Menschenleid und -schuld.
Doch wandert nun mit allen der Stern der Gotteshuld.
Beglänzt von seinem Lichte, hält euch kein Dunkel mehr.
Von Gottes Angesichte kam euch die Rettung her.

Gott will im Dunkel wohnen und hat es doch erhellt.
Als wollte er belohnen, so richtet er die Welt.
Der sich den Erdkreis baute, der lässt den Sünder nicht.
Wer hier dem Sohn vertraute, kommt dort aus dem Gericht.

Es ist Winterzeit. Die Nächte sind länger. Dunkel ist es. Kalt der Tag. Darüber schreibt am 18. Dezember 1937 der Dichter *Jochen Klepper* (1903–1942) in sein Tagebuch: „Erst um Mittag begann die fahle Wintersonne zu leuchten. Der Untergang war feierlich und groß. In der Dämmerung standen dann die Laternen wie Fackeln am Saume der Gärten. Die klaren schwarzen Äste über der Decke des Schnees sind so friedvoll; ein Bild der tiefen Ruhe. Ich schrieb am Nachmittag ein zweites Weihnachtslied ...“ Klepper malt in seinem Weihnachtslied das Bild der vergehenden Nacht und lässt das Licht des Morgensterns in uns eindringen.

Die Nacht ist das entscheidende Motiv seines Weihnachtsliedes. Der Dichter geht so weit, dass sogar Gott im Dunkel wohnen will. Nächte können finster, lang und aufwühlend sein. Im dichterischen Schaffen Jochen Kleppers hat das Bild der Nacht eine besondere Bedeutung. In der Entstehungszeit des Liedes, während der Herrschaft des Nationalsozialismus (1933–1945), erlebt er die Bedrohung für seine Familie. Er war mit *Johanna Stein-Gerstel*, einer Jüdin, verheiratet und erhielt als Autor im „Dritten Reich“ ein Schreibverbot. Fünf Jahre nach der Entstehung des Weihnachtsliedes wird die Situation für die Familie immer prekärer.

Seine Frau und deren Töchter wurden nicht von der Deportationsliste für die Vernichtungslager im Osten gestrichen. In der Nacht zum 11. Dezember 1942 wählt die Familie den Freitod. In beiden christlichen Konfessionen werden Jochen Kleppers Lieddichtungen bis heute gesungen. In seinen Liedern, so Bundespräsident *Johannes Rau* (1931–2006), habe Klepper „Gott nie aus den Augen gelassen".

DAS FLÖTENLIED AN DER KRIPPE

In dem Kinderheim, in dem ich aufwuchs, erhielt ich mit sechs Jahren zum Weihnachtsfest als Geschenk eine Blockflöte. Meine erste Flötenstunde im darauffolgenden Sommer fand unter einem Baum statt. Ich sollte auf meiner neuen Flöte die Laute der Vögel und das Rauschen des Windes in den Bäumen nachahmen. Oder die Kraft der Leichtigkeit im Flug eines Schmetterlings mit meinem Atem erspüren oder das Gleiten einer Blindschleiche mit meinen Fingern auf den Löchern der Flöte ertasten.

Einige Jahre später, mit neun Jahren, sollte ich vor der Krippe im Treppenhaus des Kinderheimes mit der Blockflöte ein Weihnachtslied solo spielen. Mir wurden die Noten zu dem Lied *Die Nacht ist vorgedrungen* zum Üben vorgelegt. Eine mir bis dahin unbekannte Melodie, die *Johannes Petzold* aus Thüringen 1938 komponiert hatte. Ich lernte die Melodie auswendig, da das Flötenspiel im Dunkel stattfinden sollte. Die Melodie war für mich so geheimnisvoll und still, aber auch wehmütig. Meine Erzieherin, die mich üben hörte, sagte, auch der Glanz des Sternes müsse in meinem Flötenspiel noch vorkommen. Darauf sagte ich: „Das ist aber nicht in der Melodie drin!"

Zaghaft begann ich die für mich traurig wirkende Melodie zu umspielen. Ich erfand eigene, neue Töne dazu. Zum ersten Mal überhaupt improvisierte ich über ein Melodiemotiv. Die Zwischenspiele zur Melodie wurden virtuoser und freier. Ein Wechsel entstand: Nacht und Tag, Weinen und Frohsein, dunkel und hell, Leid und Heil – alles Begriffe, die im Liedtext gesetzt sind. Wie ein Ruhepunkt wirkte nun das Lied im Wechsel zum fröhlichen Spiel. Bei der Aufführung vor der Krippe im Dunkel tat ich das Gleiche. Nichts war beleuchtet. Nur durch das Fenster hinein „beglänzte" der Mondenschein das Dunkel. Aus dem Dunkel heraus erklang das Lied von Klepper und Petzold, wie ein Ruf nach Heil, nach Befreiung, nach Licht:

Noch manche Nacht wird fallen
auf Menschenleid und -schuld.
Doch wandert nun mit allen
der Stern der Gotteshuld.
Beglänzt von seinem Lichte,
hält euch kein Dunkel mehr.
Von Gottes Angesichte
kam euch die Rettung her.
Auch wer zur Nacht geweinet,
der stimme froh mit ein.
Der Morgenstern bescheinet
auch deine Angst und Pein.

Die Nacht ist für mich wie ein Raum, wie eine umbaute Stille. Diesen Raum können wir gerade in der Weihnachtszeit neu betreten. Die Musik von Johannes Petzold zum Text von Klepper trägt in sich einen archaischen Klang, Schmerz und innere Ruhe. Genau aus diesem Grund kann sie das Herz erneuern. Die Melodie lotet die Tiefen der Trauer aus bis zu dem Grund, wo Licht und Freude verborgen sind. Musik vermag kummervolle Herzen eher zu erreichen und auch die Schwerkraft zu verändern. Das ist das, was ich an dieser Liedmelodie so schätze und bis heute verinnerlicht habe.

In der zweiten Strophe des Weihnachtsliedes setzt Jochen Klepper eine für ihn ungewöhnliche und doch für ein Weihnachtslied übliche Klangfarbe: „Dem alle Engel dienen, wird nun ein Kind und Knecht." Vielleicht war es für Klepper besonders erwähnenswert, die Engel dabeizuhaben. Mag sein, dass er darin die Schutzmacht für die Nacht suchte, ähnlich wie es *Dietrich Bonhoeffer* in seinem Lied *Von guten Mächten* beschreibt. Viele Engelbegegnungen werden in der Weihnachtsgeschichte beschrieben: Engel bei Zacharias, Verkündigungsengel bei Maria, Engel in Josefs Traum, Lichterscheinung bei den Hirten, Heerscharen singen, Friedensbotschaft auf den Feldern von Bethlehem, eine Engelstimme im Traum der Weisen, wieder eine Engelbegegnung in Josefs Traum, diesmal in Ägypten. Unzählige Künstler malten Krippenbilder – immer dabei die Engel.

Dass Klepper in seinem Weihnachtslied die nächtliche Dunkelheit mit dienenden Engeln verbindet, mag uns daran erinnern, dass göttlicher Trost und Schutz uns in der Nacht begleiten und zugesprochen sind.

HERZENSTOR FÜR DEN ENGEL

Nach einem solchen Engel sehnen wir uns alle:
nach einem Engel, der uns stärkt,
wenn wir keine Kraft in uns fühlen;
nach einem Engel, der unsern Blick nach oben richtet,
wenn wir im Dunkel der Seele versunken sind.
Möge der Engel in unsre Nacht hineinfliegen
und die Finsternis erhellen.

Schönheit berührt lautlos mein Herz

LEISE RIESELT DER SCHNEE

4. Advent

Leise rieselt der Schnee,
still und starr ruht der See,
weihnachtlich glänzet der Wald:
Freue dich, Christkind kommt bald!

Ein adventliches Lied. Eigentlich ein Kinderlied, ein Lied über Schnee, Kälte und Winter. In ihm spielen die Naturschönheit und die Vorfreude auf Weihnachten miteinander. Geschrieben hat es ein Theologe! Er hieß *Eduard Ebel*, wirkte im neunzehnten Jahrhundert als evangelischer Pfarrer und Dichter. 1895 hat er das Lied erstmals veröffentlicht unter dem lapidaren Titel *Weihnachtsgruß*. Entstanden ist es in Graudenz. Und die Melodie? Woher sie stammt, ist ungeklärt. Einige sagen, Ebel habe auch sie geschrieben; andere meinen, die Melodie gehe auf eine Volksweise zurück. Der Pfarrer wollte, so glaube ich, in der Adventszeit ein Lied singen, das auch Kindern das Warten erklärt und die Ehrfurcht vor der „heiligen Nacht" bewahrt. Bei mir hat er damit Erfolg gehabt.

WENN DAS LAND IN DIE MUSIK EINGEHT

Ich staune, wie in einem so kurzen Melodienbogen die Aura einer winterlichen Natur spürbar wird. Die Töne zum Text wirken wie eine Malerei, als sei jeder Ton eine Schneeflocke, als würde der Schnee sich sanft wie eine Decke auf die Erde legen. Beim genauen Hinhören erschließt sich eine geniale Komposition: Erst einmal fällt die Langsamkeit auf, wie ein

Wiegenlied. Eine Melodie, die mich einladen will, mich wohlzufühlen: Lass deine Seele baumeln. An nur einer Stelle wird das Wiegengefühl durchbrochen; da, wo es heißt: „Freue dich". Als wollte der Komponist uns an dieser Stelle stolpern lassen. An diesem kleinen, fast unauffälligen Melodiepunkt entsteht zugleich der größte Tonabstand zwischen zwei Tönen. Und das ist noch nicht alles. Der so kurze Melodiebogen birgt ein Geheimnis in sich. Denn der tiefste und langgezogene Ton entsteht da, wo der „See starr ruht". Und der höchste Ton in der Melodie betont den „weihnachtlich glänzenden Wald".

Als ich zu dem Lied eine Klavierbegleitung schrieb, entdeckte ich etwas Bemerkenswertes. Sowohl eine traurige als auch eine fröhliche Begleitung wären möglich. Ich entschied mich für das Hinabgleitende, das Hinabsteigen der Töne bis zum tiefsten ruhenden Ton. Denn Schnee liegt auf der Erde und schwebt nicht. Mit den tiefen Basstönen wird Stille in den Raum getragen, breitet sich aus wie ein tiefer Frieden über weitem Land. Das ist „stille Nacht". Hier geht das Land ein in Musik.

Bald ist heilige Nacht,
Chor der Engel erwacht;
horch nur, wie lieblich es schallt:
Freue dich, Christkind kommt bald!

In den Herzen ist's warm,
still schweigt Kummer und Harm,
Sorge des Lebens verhallt:
Freue dich, Christkind kommt bald!

SCHÖNHEIT BERÜHRT LAUTLOS

Nicht Kitsch, sondern Schönheit kommt in der Sprache und in der Musik des Liedes zum Ausdruck. Für mich trägt die Musik die Schönheit hinein ins Leben. Klänge erschaffen eine Welt, die real ist wie eine Schneelandschaft, ein Tannenbaum, ein Haus im Wald, eine Kirchturmuhr. Jede Musik kommt aus der Stille und endet in ihr. Musik schafft Geborgenheit, und im tiefen Sinne bedeutet sie Heimkehr.

HERZENSTOR FÜR DIE SCHÖNHEIT

Schönheit berührt uns.
Schönheit, die unsere Sinne erfreut, öffnet uns.
Die Schönheit, der wir begegnen,
ob das Abendrot am Himmel
oder der Glanz der Sterne in einer klaren Nacht,
öffnet die Herzenstür.
Und Musik, die wir hören, öffnet unser Herz erst recht,
macht uns weit und willig aufzunehmen.
Schönheit verwandelt Leben,
führt zur Quelle, unserem Herzen.

Er weidet seine Herde, dem Hirten gleich,
und heget seine Lämmer so sanft in seinem Arm;
er nimmt sie mit Erbarmen auf in seinen Schoß
und leitet sanft, die in Nöten sind. –
Kommt her zu ihm, die ihr mühselig seid,
kommt her zu ihm,
mit Traurigkeit Beladne, er spendet süßen Trost.
Nehmt sein Joch auf euch, und lernet von ihm,
denn er ist sanft und demutvoll,
so findet ihr Ruh und Seelenheil.

Aus dem Messias von Georg Friedrich Händel

In der Musik von *Georg Friedrich Händel* (1685–1759) aus dem *Messias* ist Wandlung von Stille und innere Freude ein unglaublicher Vorgang. Die ganze Musik der Arie breitet sich zu einem weihnachtlichen Bild aus: nächtliche Stimmung, weites Hirtenfeld, Glanz in der Nacht, Trost den Anvertrauten, Friede unter den Anwesenden, schreitende Klarheit, Ruhe und Seelenheil. Die ganze Musik nimmt uns in den Bann der weihnachtlichen Botschaft: Friede auf Erden, die Botschaft des Weihnachtsengels.

FRIEDE AUF ERDEN

1981 Moorweide, Kirchentag Hamburg, 60.000 Zuhörer. Zum ersten Mal treffe ich dort *Jörg Zink* (1922–2016), den evangelischen Pfarrer und Schriftsteller, einen der führenden Sprecher der Friedensbewegung. Zusammen sind wir auf der Bühne. Mitten im Frühsommer sprach er über die Worte des Weihnachtsengels: „Fürchtet euch nicht! Seht, ich verkündige euch große Freude. Denn euch ist heute der Retter geboren." In Zinks Auslegung spürte ich seine tiefe Sehnsucht nach Frieden, „der nicht von Waffen, sondern nur von der Einsicht und dem Vertrauen der Menschen gesichert wird". Damals staunte ich, welche Stille sich nach diesen Worten ausbreitete. Nicht tosender Beifall setzte ein, sondern ein gemeinsames Schweigen, das die Brisanz der Weihnachtsbotschaft hörbar und sichtbar machte. Wie damals, in der „stillen und heiligen Nacht" in Bethlehem, wurde an diesem Morgen Neues geboren, eine Vision für Frieden und Gerechtigkeit. An jenem Morgen spielte ich mit der Flöte das Lied von der Friedenstaube, weihnachtlich froh und hell.

FRIEDENSFLÖTE

2003 in Berlin. Erster Ökumenischer Kirchentag. Deutschlandhalle. Ein Weltkonzert fand statt mit dem Titel „Was bleibt, stiften die Liebenden". Fünf Flötenspieler aus fünf Kulturen spielen für die Liebe unter den Religionen und Völkern. Die Flötenspieler und -spielerinnen kamen mit ihren Instrumenten: europäische Blockflöte, bolivianische Traversflöte, afrikanische Baumflöte, arabische Ney-Flöte, indische Rohrflöte. Wir trafen uns, aus fünf Kontinenten kommend, zum ersten Mal auf der Bühne in Berlin. Wir saßen im weiten Rund auf der Bühne, wir stellten uns vor, wir seien auf dem Feld bei den Hirten. Denn alle Kulturen kennen das Phänomen, dass Hirten die Flöte spielen. Jeder spielte erst einmal seine eigene Friedensmelodie, die Melodie seiner Heimat. Zwischen jeder Melodie erzählte Jörg Zink über seine Erfahrung von Frieden. Am Schluss erklangen alle fünf Flöten gemeinsam. Abgesprochen haben wir nur die Tonart, damit eine „Weltharmonie" entstehen kann. Im Frieden erklingen alle Töne miteinander, ob laut oder leise, die hohen und die tiefen Töne, wohltuende und sich reibende Klänge. So ertönt kosmische Harmonie. Himmel und Erde spielen gemeinsam, und unsere Erde wird bewohnbar als Heimat für alle Menschen. – Jörg Zink schenkte mir Jahre später sein selbst geschriebenes Weihnachtslied, dass ich dann vertonte:

Wir warten, Kind, der Stunde.
Bald fällt die Mitternacht.
Komm, dass die Nacht bekunde,
Heil sei uns zugedacht.

Wir rufen dich, wir bangen,
von Müh und Ängsten blind.
Dich hat die Nacht empfangen,
sei du in uns das Kind.

Wir haben dich verloren.
Wir stehn auf dunklem Feld.
Der du im Stall geboren,
komm nun in uns zur Welt.

Am 4. Advent 2017, ein Jahr nach dem Tod von Jörg Zink, besuche ich seine Witwe. Sie zeigt mir an dem Vormittag ein weißes kariertes Papier, darauf ist nur ein einziges Wort zu lesen: Frieden. Es ist das letzte handgeschriebene Wort von Jörg Zink, kurz vor seinem Tod. Ich stelle mir vor: Die Papierseite mit dem einzig handgeschriebenen Wort wäre Manuskript für etwas Neues: Die Linien für die weiteren Kapitel sind bereits gezogen, und sie sind gefüllt mit wortlosen Gedanken, als wolle der Autor mit dem Nichts alles sagen. Als wolle er in dem Schweigen und in der Leere den Anbeginn der Schöpfung Gottes neu- und wiederfinden: „Und siehe, Gott ruht und die Leere ist Klang." Als ich das Haus verließ, summt es vor mir her. Es war die Melodie aus dem Messias von Händel *Er weidet seine Herde, dem Hirten gleich*. Die Arie endet mit den Worten: „Nehmt sein Joch auf euch, und lernet von ihm, denn er ist sanft und demutvoll, so findet ihr Ruh und Seelenheil."

HERZENSTOR FÜR FRIEDEN

Möge der Friede mit dir sein
wie der sanfte Klang einer Flöte.
Möge der Glanz des Weihnachtssterns dich bescheinen
für Frieden und Heil unter allen Wesen.
Gott ist ihr Schutz und ihr Schild.

Glockenklang und ein anderer Weihnachtsengel

DER HEILAND IST GEBOREN

Erster Weihnachtstag

Der Heiland ist geboren.
Freu dich, o Christenheit!
Sonst wär'n wir gar verloren
In alle Ewigkeit.
Freut euch von Herzen, ihr Christen all,
Kommt her zum Kindlein in dem Stall!

Eine Weise aus Oberösterreich. Der Text stammt aus der Grafschaft Glatz. Dieses volkstümliche Lied ist ein Wiegenlied und im Stil einer Pastorale geschrieben. Vermutlich hat es seinen Ursprung in der Tradition der Krippenspiele im Salzkammergut.

DER GLOCKENKLANG IN SÜDTIROL

Vor Jahren besuchte ich ein Tal nahe beim Reschensee in Südtirol, bekannt mit seinem Kirchturm inmitten des Sees. Schmal zieht sich das Tal durch über 3000 Meter hohe Berge. Schnee bedeckte alles, wohin man auch schaute. Die Bäche waren eingefroren, und eine friedliche Stille lag über dem Dorf Langtaufers. Es war die Nacht zwischen Heilig Abend und dem ersten Weihnachtstag. Die wenigen Häuser waren geschmückt. Aus den Fenstern gab Kerzenschein heimeliges Wohlgefühl wieder. Der Duft von Kaminfeuer legte sich im Tal nieder. Die Dorfkirche wurde von den Lichtern des Tannenbaumes beleuchtet. Frieden lag über Dorf und Tal. Mitten in der Nacht wurde ich von einer Musik überrascht. Ich ging hinaus. Die Musik ging hin und her, von einer Seite des

Berges zur anderen. Wie im Traum stand ich in der Natur und hörte die Klänge von Alphörnern. Alphornspieler standen in der Höhe auf beiden Bergseiten. Die Töne verwoben sich zu einer großen Harmonie.

Je länger die Musik das Tal erfüllte, um so mehr war ich Teil des Klangs. Mein ganzer Körper wurde von dem Schall erfasst. Ich stand mittendrin. Das Lied, dass mich umgab, kannte ich: *Der Heiland ist geboren*. Alles wirkte, als würden übergroße Bergglocken die Weihnacht einläuten. Jetzt wusste ich, dass die Töne der Melodie für Alphörner wie geschaffen waren. Alphörner habe ja keine Tasten, um Tonhöhen zu formen. Die Spielenden müssen alles mit ihrer Lippe und ihrem Atem gestalten. Alle Tonhöhen sind physikalisch im Instrument angelegt. Und so sind die einzelnen Melodietöne des Weihnachtsliedes auch komponiert. Mit der Zeit fing die Musik an, sich hin und her zu wiegen, das Wiegenlied für das neugeborene Kind in Bethlehem. Beschwingt und tanzend entstand weihnachtliche Freude.

Das Kindlein auserkoren,
Freu dich, o Christenheit!
Das in dem Stall geboren,
Hat Himmel und Erd erfreut.
Freut euch von Herzen, ihr Christen all,
Kommt her zum Kindlein in dem Stall.

Die Engel lieblich singen,
Freu dich, du Christenheit!
Tun gute Botschaft bringen,
Verkündigen große Freud.
Freut euch von Herzen, ihr Christen all,
Kommt her zum Kindlein in dem Stall.

EIN ANDERER WEIHNACHTSENGEL

Das Thema des Engels, der aus dem Himmel hinabsteigt, hat mich zeitlebens begleitet. Gerne erinnere ich eine Leseerfahrung, über die ich auch in meinem Musikbuch *Vierzehn Engel um mich stehn* (2019) berichtet habe: Mich hat die Geschichte eines australischen Autors und Künstlers (*Tohby Riddle, Unforgotten, Sidney 2012*) sehr berührt. In seiner Erzählung fällt einer der vielen Schutzengel „von Gefühlen überwältigt" auf die Erde hernieder. Unsichtbar geht er müde durch die Welt, schläft erschöpft auf einer Parkbank ein und versteinert. So wird er greifbar und sichtbar; schließlich stellen Menschen ihn auf einen Sockel. Gott sei Dank erkennen Kinder, dass das kein normales Denkmal ist; sie holen ihn herunter vom Sockel, kümmern sich rührend um ihn, spielen ihm auch Musik vor – bis er gestärkt ist. Geheilt und leicht wie eine Feder fliegt er wieder in den Himmel. Welch bezauberndes Motiv und welch tiefe Wahrheit: Auch Menschen können zu Engeln werden – sogar für Engel, denn auch die sind bisweilen bedürftig.

HERZENSTOR FÜR DIE LIEBE

Deine Liebeskraft ist wie Feuer,
der Grundstoff, aus dem deine Seele gemacht ist,
deine geistige Kraft, deine Leidenschaft,
dein Zorn, deine Begeisterung.
Licht ist dein Kleid. Brenne für die Liebe.

Die Seele
erlangt
Öffentlichkeit

O DU FRÖHLICHE

Zweiter Weihnachtstag

O du fröhliche, o du selige,
gnadenbringende Weihnachtszeit!
Welt ging verloren, Christ ist geboren:
Freue, freue dich, o Christenheit!

EIN KINDERHEIM UND DAS LIED DER FREUDE

„Im 19. Jahrhundert gründete Johann Hinrich Wichern, das ‚Rauhe Haus‘ in Hamburg, eine soziale Einrichtung für vernachlässigte Jugendliche. Von Wichern stammt eine kleine Erzählung mit dem Titel ‚August Hobelmann‘. Darin wird eine Bescherung für Arme zu Weihnacht beschrieben: ‚Darauf kam am ersten Weihnachtstage alles auf der großen Landdiele des Schulhauses zusammen, die Dorfkinder, die Eltern und auch die Gutsherrschaft, soviel das Haus nur fassen konnte. Der Kronleuchter prangte mit seinen Adventslichtern, unter demselben waren Bänke für die Armen aufgestellt. Einige Dorfbewohner holten dieselben regelmäßig auf ihren Wagen herbei, und wenn sie dann endlich angelangt waren und die Armen abstiegen und eintraten, fing das ganze Haus mit Singen an. Vor allem hörte man wieder das schöne Lied: ‚O du fröhliche, o du selige‘. Wenn nun alles wieder ruhig geworden und die Armen sich bequem gesetzt hatten, dann stellte sich der Prediger, der aus der Stadt mitgekommen war, mitten unter sie. Zuerst las er aus dem Evangelium Lukas, Kap. 1 u. 2, worin so herrliche Weihnachtsgeschichten stehen, und danach sprach er mit den Armen, als wenn er selbst ein Armer wäre. Nach diesem Weihnachtsgespräch fing das ganze Haus wieder mit Singen an, und währenddessen brachten der Schullehrer und seine Frau die glücklichen Dorfkinder herzu, die für jeden Armen auf einem Weihnachtstisch mit einem Weihnachtsbaum einfache Geschenke aufschmückten, Brot, Kleidungsstücke, kleine Bücher, Bilder und so etwas. Ein Tisch wurde gedeckt, und alle setzten sich um denselben und aßen und tranken und waren fröhlich.'"

Karl Müller, Eine Weihnachtsbescherung für Cholera-Waisen in Hamburg 1892

> O du fröhliche, o du selige,
> gnadenbringende Weihnachtszeit!
> Christ ist erschienen, uns zu versühnen:
> Freue, freue dich, o Christenheit!

Vermutlich baute der Leiter des Kinderheimes Wichern in seiner Erzählung das Lied *O du fröhliche* bewusst ein, weil er wusste, woher dieses Lied kam. Denn ein weiteres Mal spielt bei der Entstehung eines Weihnachtsliedes ein Kinderheim eine Hauptrolle. Die erste Strophe des Liedes *O du fröhliche* stammt aus dem Jahre 1816 von *Johannes Daniel Falk*, dem Erbauer einer Kinderstätte für verwahrloste und gefährdete Kinder, dem „Lutherhof" in Weimar. Er war ein Freund *Goethes*. Markant, was er da sagt: eine gnadenbringende Zeit, obwohl die Welt verloren ging. Und diese Worte galten als Zuspruch auch den verwahrlosten Kindern von Weimar.

Interessant jedoch ist, wie Text und Melodie sich trafen. Vermutlich brachte *Johann Gottfried Herder*, ebenfalls ein Freund Goethes, 1788 ein Lied aus Sizilien mit, ein Marienlied. Er soll es von Fischern aus Sizilien gehört haben. Oder war es doch so, dass ein Findelkind aus Sizilien dem Heimleiter Falk das Lied vorgesungen hatte? Wie auch immer, für mich ist es immer wieder erstaunlich, wie sich Dinge zusammenfügen können: Eine Melodie der einfachen Fischer aus Sizilien verwebt der Erbauer einer Kinderstätte mit seinen weihnachtlichen Segensworten. Was hat die Fischer von Sizilien dazu bewogen, ihre Schutzpatronin Maria im Lied zu verehren? Das wird ein Geheimnis bleiben. Erahnen könnte ich es. Vermutlich besangen sie die Sehnsucht nach ihren Lieben zu Hause oder in der Ferne oder den Wunsch nach einem fernliegenden Paradies oder auch nur die Freude am glücklichen Leben. All das hat mich so motiviert, dass ich aus dem Lied eine fröhliche und konzertante Musik formte, ganz nach italienischer Manier, eine „Intrada cantabile e scherzando".

TEIL DER WEIHNACHTSGESCHICHTE WERDEN

Von einer weiteren weihnachtlichen Begegnung im Kinderheim, in dem ich bis zum sechzehnten Lebensjahr wohnte, möchte ich erzählen. Denn Singen in der Advents- und Weihnachtszeit war wie unser täglich Brot.

Im hohen Treppenhaus des Kinderheimes mit den spiegelnden Glaswänden sangen wir aus dem „Quempas", der Liedersammlung mit Weihnachtsliedern, 1930 das erste Mal erschienen. Im Parterre standen die große Weihnachtskrippe und der hochragende Tannenbaum. Von oben herab hing ein zwölf Meter langes und drei Meter breites Mobile mit Hunderten von Strohsternen, einem goldenen Weihnachtsstern mit Schweif, einem lachenden Mond und Engeln mit goldenen Flügeln in weißen Federgewändern und ihren Instrumenten. Auf den vielen geschwungenen Treppenstufen gingen wir, die singenden und musizierenden Kinder, hinauf zu den Gesangsbühnen. Sie erstreckten sich großzügig über vier Etagen an der runden Holztreppe entlang, die vollendeter in ihrer Form nicht hätte sein können. Von unten nach oben und umgekehrt erklangen so von Adventssonntag zu Adventssonntag die wunderschönen Wechselpassagen der Lieder wie *In dulci jubilo*. Die Hirtengesänge erklangen von den untersten Etagen hinauf zu den Liedern der Engel. Oft spielte ich mit meinen Flöten die Hirtentänze, oder ich sang in der Rolle eines Engels von ganz oben her für alle Gäste die Verkündigungsworte „Friede auf Erden und den Menschen ein Wohlgefallen". Bei diesen Worten gingen die singenden Engel hinab zur Krippe. Dort standen die Hirten, die laut sangen: *O du fröhliche*.

> O du fröhliche, o du selige,
> gnadenbringende Weihnachtszeit!
> Himmlische Heere jauchzen dir Ehre:
> Freue, freue dich, o Christenheit!

Ja, so lernten wir die Weihnachtszeit auszukosten. Das gemeinsame weihnachtliche Singen bleibt in Erinnerung: die aus der Tiefe aufsteigenden Melodien der Menschen, die wie Träume und Wünsche dem Himmel entgegenfliegen, und der Jubel der Engel, der von oben wie ein beschützender Mantel auf das Dunkel der Erde herabkommt. Beide Melodien, das Lied der Erde und das Lied des Himmels, verwoben sich. Vielleicht brauchen wir die Zeit des Advents, um an diese Begegnung erinnert zu werden.

Im Singen erlebten wir seinerzeit, was es bedeutet, selbst Teil einer Geschichte zu sein. Wir waren die Hirten. Wir waren die Engel, die Sterne, Maria und Josef. Singen macht Leben hörbar. Davon wusste auch seinerzeit der Gründer des Kinderheimes „Lutherhof" in Weimar und Dichter des Liedes *O du fröhliche*. Musik im Lied ist die sinnhafte Trägerin des Wortes. Verlassenheit und Geborgenheit, Sehnsucht und Liebe, Angst und Vertrauen, Trauer und Frohmut – die Seele findet im Lied ihren Ausdruck.

HERZENSTOR FÜR DAS SINGEN

Singe!
Jubeln, loben und sich freuen
ist das Vorrecht derer, die ihre Befreiung feiern
mitten in einer dunklen Welt und Zeit.
Lieder, die wir singen, machen das Leben hörbar.
Die Seele erlangt eine Öffentlichkeit.

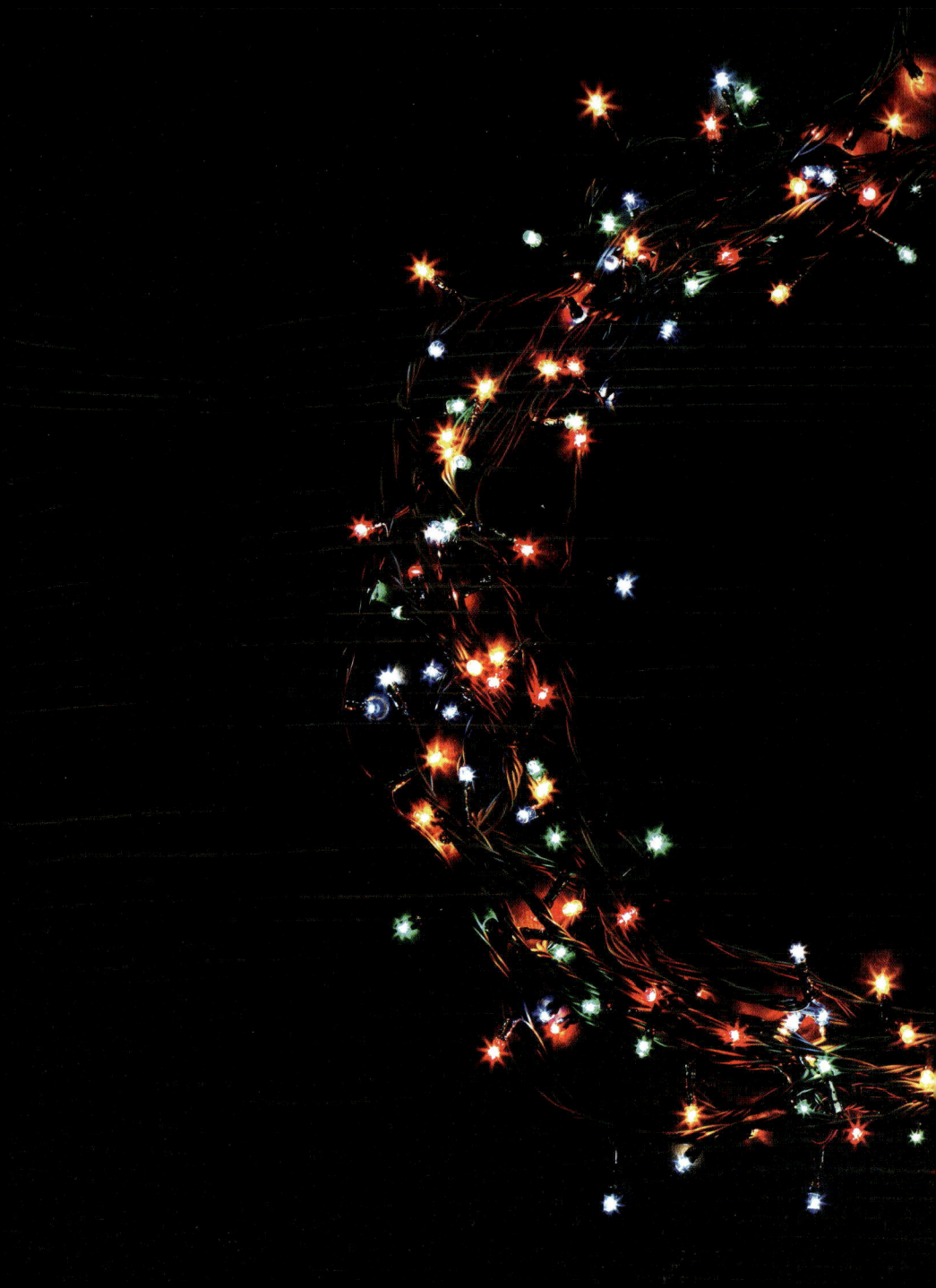

Ein Stern – und ein Engellied

DER MORGENSTERN IST AUFGEDRUNGEN

Zum Jahreswechsel

Der Morgenstern ist aufgedrungen,
er leucht' daher zu dieser Stunde
hoch über Berg und tiefe Tal,
vor Freud singt uns der lieben Engel Schar.

Wacht auf, singt uns der Wächter Stimme
vor Freuden auf der hohen Zinne:
Wacht auf zu dieser Freudenzeit!
Der Bräut'gam kommt, nun machet euch bereit!

Christus im Himmel wohl bedachte,
wie er uns reich und selig machte
und wieder brächt ins Paradies,
darum er Gottes Himmel gar verließ.

O heilger Morgenstern, wir preisen
dich heute hoch mit frohen Weisen;
du leuchtest vielen nah und fern,
so leucht auch uns, Herr Christ, du Morgenstern!

Ursprünglich war das Lied ein mittelalterlicher Minnege-
sang, der die Liebenden am Morgen weckte, vom Turm aus
wurde der Tagesruf gesungen. Daraus formte *Michael Praeto-
rius* 1609 ein geistliches Lied, in dem der Textautor *Daniel
Rumpius* (geb. 1549) das biblische Gleichnis von den klugen
und törichten Jungfrauen dem geistlichen Liedtext zugrun-
de legte.

„Die vollkommenste Musik entsteht durch die Bewegung der Sterne", schrieb der Philosoph *Johannes Kepler*. Es ist die Musik der Sphären. Ich kann sie nicht hören, jedoch „schauen", so der Mystiker *Rumi*. Die Sinfonie der Stille wird einkehren und sich in mir ausbreiten. Der Himmel nimmt Platz. „Der Himmel in mir", das ist die Stimme des göttlichen Kindes in mir. Wenn sich die Sonne am Morgen wieder erhebt und die Welt aus dem Schlaf erwacht, dann erwacht zugleich die göttliche Kraft in mir, die Liebe zu allem.

> O heilger Morgenstern, wir preisen
> dich heute hoch mit frohen Weisen;
> du leuchtest vielen nah und fern,
> so leucht auch uns, Herr Christ, du Morgenstern!

Wie kommt es am Himmel zum Morgenstern? Wir halten für diesen Stern gleich zwei Namen bereit. Am frühen Abend beobachten wir den *Abendstern*, die Venus, die im Westen am Himmel ihre Bahnen zieht. Und am frühen Morgen erscheint die Venus im Osten, die wir nun als *Morgenstern* besingen. Also in der Mitte der Nacht, in der Stille und in der Ruhe, wird der Abendstern zum Morgenstern. Damit wir jedoch den Abendstern als Morgenstern sehen können, müssen wir uns wenden. In dieser Wendung, so scheint es, lässt sich etwas von Zukunft erahnen, von Befreiung aus der Dunkelheit, vom Einfall des Lichts über unserem Ort und unserem Weg.

In dieser Wendung berühren wir ein Stück Göttliches in uns. Wenn wir vom alten Jahr ins neue Jahr gehen, dann ist es wie mit dem einen Stern: Wir wandern weiter auf den Straßen des Lebens, und wir wissen, dass in der Mitte der Nacht Zukunft entsteht.

> Wacht auf, singt uns der Wächter Stimme
> vor Freuden auf der hohen Zinne:
> Wacht auf zu dieser Freudenzeit!
> Der Bräut'gam kommt, nun machet euch bereit!

EIN UNGLAUBLICHES KLANGBILD

Die Musik zum Lied fasziniert. Die Melodie beginnt mit dem höchsten Ton, da, wo der Himmel zu sein scheint. Von da an schreiten die Töne Stück um Stück hinab, als wolle der Stern mit dem tiefsten Ton die Erde berühren. Die Musik schließt mit dem Ton, der genau in der Mitte liegt. Ein unglaubliches Klangbild: Ein Stern verbindet Himmel und Erde. Schon allein die Architektur der Musik ist ein Weihnachtsbild, gleich einem Weihnachtsstern, der einlädt, ihm zu folgen.

> Christus im Himmel wohl bedachte,
> wie er uns reich und selig machte
> und wieder brächt ins Paradies,
> darum er Gottes Himmel gar verließ.

Ein Weihnachtsbrief sollte weltweit an Bedeutung bekommen. *Maria von Wedemeyer* hat in der Adventszeit 1944 Post von ihrem Verlobten *Dietrich Bonhoeffer* erhalten. Er saß im Kellergefängnis des Reichssicherheitshauptamtes in der Prinz-Albrecht-Straße in Berlin. Der Theologe und Pfarrer kam seinerzeit von Amerika nach Nazi-Deutschland zurück. Bonhoeffer wusste nach dem zerschlagenen Widerstand gegen Hitler am 20. Juli 1944 um die Gefahr, exekutiert und ermordet zu werden.

Maria, die Verlobte, öffnete den Brief, der an sie und die ganze Familie adressiert war: „Es werden sehr stille Tage in unsern Häusern sein. Aber ich habe immer wieder die Erfahrung gemacht, je stiller es um mich herum geworden ist, desto deutlicher habe ich die Verbindung mit euch gespürt ... Eure Gebete und guten Gedanken, Bibelworte, längst vergangene Gespräche, Musikstücke, Bücher bekommen Leben und Wirklichkeit wie nie zuvor. Es ist ein großes unsichtbares Reich, in dem man lebt und an dessen Realität man keinen Zweifel hat. Wenn es im alten Kinderlied von den Engeln heißt: zweie die mich decken, zweie, die mich wecken, so ist diese Bewahrung am Abend und am Morgen durch gute unsichtbare Mächte etwas, was wir Erwachsenen heute nicht weniger brauchen als die Kinder.“

Auf einem beiliegenden Papierbogen notierte Bonhoeffer sein inzwischen berühmtes Gedicht. Gegen Ende des Gedichtes wird es auf dem Papier sehr knapp: „Hier noch ein paar Verse, die mir in den letzten Abenden einfielen. Sie sind der Weihnachtsgruß für Dich und die Eltern und Geschwister."

Von guten Mächten treu und still umgeben
behütet und getröstet wunderbar –
so will ich diese Tage mit euch leben
und mit euch gehen in ein neues Jahr.

Von guten Mächten wunderbar geborgen,
erwarten wir getrost, was kommen mag.
Gott ist bei uns am Abend und am Morgen
und ganz gewiss an jedem neuen Tag.

EIN ENGELLIED

Für mich ist das Lied Bonhoeffers zugleich ein Engellied. Bonhoeffer erinnert in seinem Brief an das Lied *Abendsegen* aus der Oper *Hänsel und Gretel* (1893) von *Engelbert Humperdinck*. Das Werk kommt jede Weihnachtszeit an den Opernhäusern zur Aufführung.

Abends, will ich schlafen gehn,
Vierzehn Engel um mich stehn:
Zwei zu meinen Häupten,
Zwei zu meinen Füßen,
Zwei zu meiner Rechten,
Zwei zu meiner Linken,
Zweie, die mich decken,
Zweie, die mich wecken,
Zweie, die mich weisen
Zu Himmels-Paradeisen.

Das ist ein tröstliches Bild. Vierzehn Engel schenken Schutz für die Nacht. Sie steigen herab. Sie verbinden das Erdreich mit dem himmlischen Reich und umhüllen den ganzen Menschen. Mehr noch: Sie weisen in die Zukunft, um ihn auch auf diesem Weg bereits beginnend mit der Ruhe der Nacht zu bewahren. Für Bonhoeffer wurde der „Abendsegen" von Engelbert Humperdinck zur Inspiration für sein berühmt gewordenes Gedicht *Von guten Mächten*. Vielleicht erklingen gerade in schweren Tagen die Lieder aus der Kindheit im Herzen eines Menschen. Wir summen sie vor uns her. Sie erinnern an gesegnete Zeiten. Sehnsucht wird geweckt. Erinnerungen an das Lied von den vierzehn Engeln lassen die Grenzen und Mauern um uns durchlässiger werden. Es ist gut: Die Lieder aus der Kindheit bleiben ständige Begleiter. Sie sind einfach da, anwesend wie Heilige, wie Engel, die uns decken, trösten und Mut schenken. Bonhoeffer schreibt uns ins Herz hinein eine tröstliche und hoffnungsvolle Weihnachtsbotschaft:

Lass warm und hell die Kerzen heute flammen,
die du in unsre Dunkelheit gebracht,
führ, wenn es sein kann, wieder uns zusammen.
Wir wissen es, dein Licht scheint in der Nacht.

Wenn sich die Stille nun tief um uns breitet,
so lass uns hören jenen vollen Klang
der Welt, die unsichtbar sich um uns weitet,
all deiner Kinder hohen Lobgesang.

Das, was der Philosoph Johannes Kepler zur Stille in der Musik der Sphären beschreibt, das nennt Bonhoeffer in seiner sechsten Strophe: „Lass uns hören jenen vollen Klang / der Welt, die unsichtbar sich um uns weitet". Die Musik der himmlischen Stille hat schlussendlich keine Worte mehr. Die lautlose Erscheinung himmlischer Mächte – ob in Klang und Licht der Sphären oder auch in einer Engelbegegnung, erfahren wir nur in uns selbst, wenn wir unsere Herzenstür dafür öffnen.

HERZENSTOR FÜR DIE STILLE

In unserer lärmenden, hektischen Welt
ist es gut, einen Ort des Rückzugs zu suchen.
Umso erholsamer ist es,
immer wieder einmal die Stille zu suchen.
Die Seele kann wieder atmen,
und auch das Herz wird frei.

Kraft der Anbetung

ICH STEH AN DEINER KRIPPEN HIER

Dreikönigstag

Die Geburt des Kindes in Bethlehem war ganz und gar nicht romantisch. Eine junge Frau, unverheiratet, mit ihrem Verlobten unterwegs. Hochschwanger erreichte sie Bethlehem, das Ziel ihrer Reise. Doch niemand wollte sie aufnehmen und ihr ein Bett geben. Im Winter ist es auch in Judäa kalt. Trotzdem schickte man sie in einen Stall. Eine Krippe stand dort, aus der die Schafe und Ziegen fraßen. Diese Krippe wurde zum Kinderbett. Wohin hätte sie das Kind sonst legen sollen, das da gerade geboren worden war? Weder die Herbergsväter Bethlehems noch die Menschen, denen sie begegnet war, hatten ja ahnen können: Dieses Kind würde einmal die Welt heilen. Würde dem Frieden eine Stimme geben und der Barmherzigkeit, würde das Reich Gottes mitten auf Erden verkünden. Der Dichter *Paul Gerhardt* hat diesen fast unglaublichen Zusammenhang in Worte gekleidet, die bis heute auf der ganzen Welt erklingen:

> Ich steh an deiner Krippen hier,
> o Jesu, du mein Leben;
> ich komme, bring und schenke dir,
> was du mir hast gegeben.
> Nimm hin, es ist mein Geist und Sinn,
> Herz, Seel und Mut, nimm alles hin
> und lass dir's wohlgefallen.

Dem kleinen Gotteskind kann ich alles geben, darf mich zeigen, wie ich wirklich bin jenseits meiner Masken und meines Habens, meiner Stärken und Schwächen und jenseits der Schubladen, in die mich mein Umfeld einordnet. Ich gebe diesem Jesuskind alles – Herz, Seele und Mut, Geist und Sinn. In die Melodie von *Johann Sebastian Bach* gekleidet, ist dieses Lied eines der schönsten Bekenntnisse, die ich kenne. Sooft ich es höre, entsteht in mir ein Raum voller Schwingungen. Dabei versetze ich mich in die Rolle dessen, der ein Geschenk überbringen will. Wenn ich diese schlichte Melodie mit der Flöte spiele, dann entsteht ein klingendes Geschenk, das jedem, der zuhört, überreicht wird.

DIE FLÖTE VON ALEPPO

Bei diesem Lied denke ich auch an eine Begegnung, die ich in Syrien hatte, als das Land noch nicht vom Krieg und von marodierenden Fanatikern heimgesucht wurde. Damals herrschte noch Frieden in dieser Region, die mit ihrer alten Kultur eine Wiege der Menschheit ist. Meine Reise führte mich auch nach Aleppo. Auf den Feldern vor dem Stadttor sah ich eine Ziegenherde. Zwischen dem Geblöke der Tiere hörte ich Flötenmusik. Eine ganz einfache, wunderschöne Melodie. Dann entdeckte ich, wer sie spielte: ein Mädchen, vielleicht zwölf Jahre alt. Sie hütete die Herde und vertrieb sich die Zeit mit der Flöte. Fast meditierend und sehr wehmütig klang das. Kurz zuvor hatte ich ein Gedicht des persischen Mystikers *Jelaladdin Rumi* gelesen, der im dreizehnten Jahrhundert lebte. Was er geschrieben hatte, passte erstaunlicherweise genau auf das Mädchen, das da nun vor mir stand:

Warum spielst du so wehmütig,
verströmst deinen Kummer im wortlosen Gesang?
Die Flöte gab zur Antwort:
Ich wurde vom Baum des Lebens geschnitten,
vom saftigen Stamm.
Nun werde ich bleiben mit meiner Sehnsucht
das, was ich bin.

Die Sichtweise des Poeten Rumi ist mit dem Gedanken des Weihnachtsliedes verwandt. Die Flöte überreicht sich selbst in Form sehnsüchtiger Melodien ihrem Spieler. Warum? Weil sie die Einsamkeit spürt. Einst war sie Teil des göttlichen Ganzen. Nun bewegt sie sich mutterseelenallein in der Welt und sehnt sich zurück. Um die Trennung zu heilen, gibt sie das Schönste, was sie hat: Töne und Melodien. Sie verschenkt sich in einer nicht enden wollenden Melodie der Sehnsucht. Das Verblüffende: Genau dadurch kommt ja die Sehnsucht ans Ziel! So wie auch der Kirchenvater *Augustinus* es im vierten Jahrhundert erfahren hat: „Meine Sehnsucht wird nicht ruhig, ehe sie in dir ruht, Gott!" Bei Gott oder an der Krippe werde ich wieder mit dem Ganzen verbunden, dem ich entstamme. In jeder Religion und Kultur ist es möglich, diese Erfahrung des Sich-selbst-Verschenkens zu machen.

Das Weihnachtslied geht weiter. Der Dichter Paul Gerhardt kannte die Sehnsucht nach Frieden. Er hatte die Schrecken des Dreißigjährigen Krieges miterlebt: Hungersnot, Seuchen, Übergriffe von Soldaten. Diese Erfahrungen spiegeln sich in seinen Texten, dadurch gewinnen sie so große Tiefe. Deshalb auch ist die zweite Strophe so aktuell – gerade, wenn ich an den Krieg in Syrien denke. So viel Zerstörung und Verletzung. Aber auch angesichts dieses Leides lässt sich das Lied singen, denn es spiegelt die Hoffnung eines Menschen, der Abgründen ins Auge geblickt hat:

> Ich lag in tiefer Todesnacht,
> du warest meine Sonne,
> die Sonne, die mir zugebracht Licht,
> Leben, Freud und Wonne.
> O Sonne, die das werte Licht
> des Glaubens in mir zugericht',
> wie schön sind deine Strahlen!

Hoffnung angesichts größter Leiden: Das ist Weihnachten. Dieses Lied fasst es unvergleichbar in Worte. Auch der Widerstandskämpfer *Dietrich Bonhoeffer* entdeckte die Tiefe des Liedes. Als er 1943 im Gefängnis saß, schrieb er: „Man muss wohl lange allein sein und es meditierend lesen, um es aufnehmen zu können, es ist in jedem Wort ganz außerordentlich gefüllt und schön."

Die Begegnung mit dem Hirtenmädchen bei Aleppo ist mir geblieben. Sie sitzt einfach da und spielt das, was in unserem Weihnachtslied so schön gesagt ist: „Herz, Seel' und Mut, nimm alles hin." Ihre Seele bläst sie einfach in die Flöte hinein, mit den Tönen fliegt sie hinaus. Die Melodie des Friedens legt sich wie Tau auf verbranntes Land. Und dann stelle ich mir vor: Eines Tages erscheinen die Engel auch auf den Feldern von Aleppo. Und sprechen zu dem Hirtenmädchen: „Fürchte dich nicht! Ich verkündige dir Freude und Friede auf Erden. Steh auf und spiele dein Lied allen Menschen!"

GOLD, WEIHRAUCH UND MYRRHE

Stellen Sie sich vor, *Martin Luther King*, *Nelson Mandela* und *Mahatma Gandhi* würden sich auf den Weg nach Bethlehem machen, um die Geschenke Gold, Weihrauch und Myrrhe zu überreichen. Drei große Persönlichkeiten überreichen ihre Geschenke dem Sohn des Friedens: Geist und Sinn, Herz, Seel' und Mut.

Die in vielen Legenden beschriebenen Weisen aus dem Morgenland erscheinen mir so wirklich zu sein, als würden sie sich heute auf den Weg machen, um Heil und Frieden für die Welt zu finden.

CASPAR

Ich sehe Caspar als Aristokraten aus Persien, als Gelehrten und Forscher, Astronom und Astrologe. Mitglied einer Priesterkaste, der Magier. Caspar kam von der weiten Hochebene des Irans, wo die Luft am Tag so klar ist, dass man die fernsten Bergketten sieht. Und wo nachts der Himmel so groß und nah ist, dass ferne Sterne mit bloßem Auge zu sehen sind. Aus alten persischen Überlieferungen war ihm bekannt, dass der göttliche Lichtbringer für die Welt durch ein Sternfeuer gezeugt wird. Dann wird eine Jungfrau schwanger und bringt den Retter zur Welt. Und in der Nacht, in der das Kind geboren wird, erscheint ein Zeichen: Ein Stern fällt vom Himmel herab. Und Caspar folgte dem Stern schon neun Monde lang, um seinen Lichtbringer, den Morgenstern für die Welt, zu finden. Angekommen in Bethlehem überreicht er sein Geschenk: Er nimmt aus seinem Reisesack etwas Zunder und Reisig und entzündet ein Feuer. Er geht darum herum, verbeugt sich in alle Windrichtungen, zieht aus seinem Gewand einen Reif aus schwerem, massivem Gold, hält ihn über das Feuer, hebt ihn hinauf zum Himmel und spricht: „Du Neugeborener, du heller Morgenstern! Gold aus den Tiefen der Erde ist ein Abglanz des Lichtes der Sonne, Zeichen deiner göttlichen Würde. Gold zum Reif geschmiedet ist Zeichen göttlicher Treue und fordert dich auf, Licht in die Welt zu tragen."

MELCHIOR

Melchior ist für mich ein arabischer Karawanenführer aus Petra, der sagenumwobenen Felsenstadt im heutigen Jordanien, Fürst seines Stammes, des Volkes der Nabatäer. An jedem Tag, mit der aufgehenden Sonne des neuen Morgens, entzündete Melchior kostbaren Weihrauch, setzte sich davor und schwieg. Seine Gedanken stiegen dem Himmel entgegen, und der Geist Gottes schickte ihm Weisheit und Visionen. Als er mit seiner Karawane in der Frühe des Morgens aufbrach und weiter dem Weg der Weihrauchstraße folgte, erblickte er eine neue Sternenkonstellation. Er hielt an. Ihm war sofort klar, dass er die Reiseroute ändern musste, dem leuchtenden Stern folgend, um zu sehen, wohin er ihn führen würde. Als Melchior seinen Sternenkönig in Bethlehem sieht und sich dem Kind zuwendet, breitet er einen Teppich aus, auf dem er eine kostbare, mit Intarsien geschmückte Schatulle öffnet. Darin liegt reinster Weihrauch aus Südarabien. Melchior spricht: „Mein Friedensfürst, du Himmelsbote! Der Weihrauchduft ist der Atem der Erde, der sich verzehrt, um den Schöpfer zu loben. Meine Seele erhebt sich zum Himmel. Möge der Geist aus Gott dem Kind eine Heimat sein. Denn Heimat ist dort, wo der Klang verweilt und die Liebe Segen verteilt." Nun entzündet er den Weihrauch – so wie er es immer in der Wüste tut –, setzt sich nieder vor dem Kind und schweigt.

BALTHASAR

In Balthasar begegnet mir ein Stammesältester, ein Scheich aus der weiten Steppe im Osten Syriens – aus der berühmten Handelsstadt Palmyra. Balthasar war als Heiler bekannt. Mit geheimnisvollen Gesängen, mit Kraftzeichen auf der Erde und am Himmel kannte er sich gut aus. Er wusste von der Heilkraft der Kräuter, Steine und Musik. Doch Balthasar ist tief im Herzen verletzt und gezeichnet von Bitterkeit und

Trauer: Fremde Krieger haben seine Heimat verwüstet, die Felder niedergebrannt, die Frauen vergewaltigt, die Kinder getötet. Da reicht seine Kraft nicht aus, das Schicksal zu wenden. Zu der Zerstörung durch die Mordbanden kamen noch Dürre und heiße Winde. Und als die Quellen versiegten, das letzte Grün verbrannt war, die Krume des aufgerissenen Bodens nichts mehr hergab, sondern der Gluthauch des Windes Staubwolken über die Äcker trieb und die letzten Tiere verendeten, blieb ihm nichts als seine Ohnmacht. Balthasar erinnert sich an den alten Mythos: Wenn das Verbrechen der Menschen überhandnimmt, wenn die Ehrfurcht vor dem Heiligen schwindet, dann erschafft die Gottheit sich selbst als Mensch, um eine Wende herbeizuführen. Als Balthasar darüber nachdenkt, erblickt er eine seltsame Erscheinung am Himmel – das Zeichen des Aufbruchs. Er verlässt seine Heimat und zieht die Straße nach Süden und kommt nach vielen Tagen in Bethlehem an und findet ein Kind. Er hält inne. Denn er weiß von der Heilkraft der Stille. Danach öffnet einen seiner vielen Beutel. Darin sind seltsame Steine, Figuren und kostbare Edelsteine. Diese legt er zu einem Kreis und streut Kräuter darauf. Dann nimmt er ein Gefäß aus Alabaster, gefüllt mit kostbarer Salbe, der Myrrhe. Die Myrrhe ist zur Salbung für einen auserwählten König bestimmt. Balthasar geht auf Maria zu und überreicht ihr das Geschenk für das Kind und spricht: „Dein Kind, der König des Heils, wird sein wie ein Baum, in dessen Schatten die Menschen Zuflucht finden. Wo dieser Baum Wurzeln schlägt, wird das Paradies neu erstehen. Dort wird ein Strom, das Wasser des Lebens, fließen, klar wie ein Kristall.

Auf beiden Seiten des Stromes wachsen Bäume des Lebens, die tragen das ganze Jahr Frucht, und die Blätter der Bäume dienen zur Heilung der Völker."

DIE KRAFT DER ANBETUNG

An der Krippe zu Bethlehem begegneten sich Menschen aus verschiedenen Religionen und Traditionen und überreichten ihre Geschenke, zugleich Visionen für die Welt. Die Magier fallen nieder und beten das Kind einfach an. Darin kommt Sehnsucht zum Ausdruck. Gerade in Text und Musik *Ich steh an deiner Krippen hier* erklingt tiefste Hingabe. Die Aura des Liedes ist die Gebärde einer von Herzen kommende Anbetung. Und Anbetung ist eine Urkraft der Seele: sich fallenlassen, um sich dem inneren göttlichen Kind ganz hinzugeben und sich auch gänzlich zu vergessen. Wir sind wie die Weisen, angekommen am Ziel unserer Wege.

HERZENSTOR FÜR VISIONEN

Es ist ein Unterschied, ob wir klagen und resignieren,
oder ob wir unsere Wunschkraft stärken.
Wir aktivieren unsere Vorstellungskraft
und geben unseren Hoffnungen Gestalt
und schenken den Visionen eine Zukunft
mit Geist und Sinn, Herz, Seel' und Mut.

ZU DEN LIEDERN DER CD

Diesem Buch ist eine Audio-CD mit Musikmeditationen von Hans-Jürgen Hufeisen beigegeben.

Musik, Bearbeitungen, Blockflöten: Hans-Jürgen Hufeisen
Streicher: Pegasus Quartett
Klavier: Christoph Fankhauser
Klavier Nr. 1, 5, 10: Oskar Göpfert
Cembalo: Thomas Strauß
Cembalo Nr. 6: Peter Solomon
Gitarre: Ulf Manu
Bläser Nr. 2: Nürnberger Bläserensemble
Solotrompete: Matthias Beck
Akkordeon: Annegret Cratz
Tonstudios: avalon-music.ch und gammarecording.ch
Nr. 4: Live-Aufnahme an der Walker Bay in Südafrika am 18. Marz 2021
Cover-Design: Angelika Kraut, Verlag am Eschbach

Titel – instrumental:

1.	Meerstern, ich dich grüße – *Marienlied*	3:59
2.	Macht hoch die Tür – *Herzenstür*	3:44
3.	Tochter Zion – *Schimmerndes Juwel*	3:48
4.	Die Nacht ist vorgedrungen – *Flötenlied in der Nacht*	3:01
5.	Leise rieselt der Schnee – *Schönheit umhüllt*	3:13
6.	Er weidet seine Herde – *Vertrauen* (Messias Nr. 16)	4:20
7.	Der Heiland ist geboren – *Gott, ein Kind*	3:04
8.	O du fröhliche – *Intrada cantabile e scherzando*	4:09
9.	Der Morgenstern ist aufgedrungen – *Meditation an der Krippe*	3:03
10.	Ich steh an deiner Krippen hier – *Anbetung des Kindes*	3:44

Gesamtzeit 37 Minuten

he 1077 ©und ℗2021 © dolce musica edizione, Zürich www.hufeisen.com
LC 10867 / SUISA

Quellen:

Alle Weihnachtsmelodien: traditional | Nr. 6 aus dem *Messias* von Georg Friedrich Händel (1685–1759), bearbeitet als Instrumentalfassung von Hans-Jürgen Hufeisen

HANS-JÜRGEN HUFEISEN

ist Blockflötenspieler, Komponist, Arrangeur, Choreograf: 1954 geboren, wuchs er bis 1972 im Kinderdorf Neukirchen-Vluyn auf, studierte Blockflöte, Musikpädagogik und Komposition an der Folkwang-Musikhochschule Essen und war in den Jahren 1977 bis 1991 als Referent für musisch-kulturelle Bildung der Evangelischen Landeskirche in Württemberg tätig. Seit 1991 arbeitet der Künstler freischaffend und lebt in Zürich. Regelmäßig erscheinen von ihm CDs mit meditativer Musik im Verlag am Eschbach, unter anderem:

Weihnachtszeit der Wunder (220-6)
Weihnachtszeit der Lieder (440-8)
Engelklänge zu Weihnachten (447-6)
Jahreszeiten des Herzens (334-0)
Tröstliche Zeit (335-7)
Zeit für die Seele (098-1)
Zeit für Träume (219-0)
Taumond (100-1)
und viele andere

Im Internet: www.hufeisen.com

Hans-Jürgen Hufeisen
Vierzehn Engel um mich stehn
Schutzengel und andere himmlische Boten
Eschbacher Musikbuch
(Buch mit Audio-CD)
ISBN 978-3-86917-758-8

Hans-Jürgen Hufeisen
Kraft des Segens
Worte und Melodien aus Irland
Eschbacher Musikbuch
(Buch mit Audio-CD)
ISBN 978-3-86917-834-9

BILDNACHWEIS

argus / shutterstock (Umschlag), anyaivanova / iStock (Umschlag, CD-Label, S. 4/5, 6/7), Detry26 / iStock (Vorsatz, S. 17, 29, 37, 49, 71, 79), Sergeeva / iStock (S. 2), olrat / iStock (S. 14/15), Anna / AdobeStock (S. 20/21), Floydine / AdobeStock (S. 22, 32, 53, 63, 72, 82), Sasin-Paraksa / iStock (S. 27), LanaMais / iStock (S. 30/31), stocknshares / iStock (S. 38/39), lishanskyphotography / iStock (S. 42), StephanieFrey / iStock (S. 44/45), DNY59 / iStock (S. 50/51), va103 / iStock (S. 55, 85), Studio Doros / iStock (S. 56/57), Graphic PhotoArt / iStock (S. 61), Prostock-Studio / iStock (S. 64/65), Victoria Kotov / iStock (S. 68), Artusius / iStock (S. 74/75). Grafiken: mashuk / iStock, IMR / shutterstock.

ISBN 978-3-86917-898-1
© 2021 Verlag am Eschbach
Verlagsgruppe Patmos in der Schwabenverlag AG, Ostfildern
Im Alten Rathaus/Hauptstraße 37
D-79427 Eschbach/Markgräflerland
Alle Rechte vorbehalten.

www.verlag-am-eschbach.de

Gesamtgestaltung des Buches: Angelika Kraut, Verlag am Eschbach
Kalligrafierte Schriftzüge: Ulli Wunsch, Wehr
Autorenfoto Hufeisen: privat. Alle Rechte vorbehalten
Herstellung: Finidr s. r. o., Český Těšín
Printed in the Czech Republic

Dieser Baum steht für umweltschonende Ressourcenverwendung, individuelle Handarbeit und sorgfältige Herstellung.